Elke Rauschenbach

Originelle
Laubsägefiguren

W0097137

ENGLISCH
VERLAG

Die Deutsche Bibliothek – CIP-Einheitsaufnahme
Originelle Laubsägefiguren / Elke Rauschenbach. – Wiesbaden: Englisch, 1999
ISBN 3-8241-0935-2

© by Englisch Verlag GmbH, Wiesbaden 1999
ISBN 3-8241-0935-2

Alle Rechte vorbehalten. Nachdruck, auch auszugsweise, verboten.

Fotos: Frank Schuppelius
Herstellung: Michael Feuerer
Printed in Spain

Das Werk und seine Vorlagen sind urheberrechtlich geschützt, jede Verwertung oder gewerbliche Nutzung der Vorlagen und Abbildungen ist verboten und nur mit ausdrücklicher Genehmigung des Verlages gestattet. Dies gilt insbesondere für die Nutzung, Vervielfältigung und Speicherung in elektronischen Systemen und auf CDs. Es ist deshalb nicht erlaubt, Abbildungen und Bildvorlagen dieses Buches zu scannen, in elektronischen Systemen oder auf CDs zu speichern oder innerhalb dieser zu manipulieren.

Die Ratschläge in diesem Buch sind von der Autorin und dem Verlag sorgfältig erwogen und geprüft, dennoch kann eine Garantie nicht übernommen werden. Eine Haftung der Autorin bzw. des Verlages und seiner Beauftragten für Personen-, Sach- und Vermögensschäden ist ausgeschlossen.

Inhaltsverzeichnis

Vorwort

Dekorationen aus Holz machen viel Spaß in der Herstellung und schaffen eine wohnliche Raumatmosphäre. Der möglichst naturbelassene Werkstoff Holz leuchtet in seiner ihm gegebenen Farbe und Maserung, ohne sich zu sehr in den Vordergrund zu drängen, aber er ist immer eines Blickes wert.

Ob Giraffe oder Gespenst, nur zum Hinstellen oder auch mal als Kerzenhalter – sicher finden auch Sie Ihr Lieblingsstück in diesem Buch. Mit nur wenigen Farbakzenten erwecken Sie die Holzfiguren zum Leben. Lassen Sie Ihrer Phantasie freien Lauf, und dekorieren Sie die Teile wie es Ihnen Spaß macht. Und wenn Sie vielleicht sogar eines dieser Stücke Ihren Freunden oder Verwandten vermachen, so werden die strahlenden Augen der Lohn für Ihre Arbeit sein und Sie zurück zur Säge und an die Herstellung eines neuen Teiles treiben. Dieses wünsche ich Ihnen, denn dann werden Sie die Freude am Arbeiten mit Holz und die Begeisterung daran mit mir teilen.

Elke Rauschenbach

Material und Werkzeug

◆ Verwenden Sie eine Laubsäge mit entsprechenden Sägeblättern oder eine Decupiersäge. Wenn Sie Spaß an der Herstellung von Holzteilen haben und sich einen schmerzenden Arm ersparen wollen, sollten Sie sich zum Kauf einer solchen Säge entschließen. Es gibt sie inzwischen in sehr vielen Preislagen in fast jedem Baumarkt. Achten Sie aber von vornherein darauf, dass sie für Ihre Zwecke nicht zu klein gebaut ist. Wenn Sie also auch einmal dickere Teile aussägen wollen, müssen Sie auf die notwendige Motorleistung achten. Lassen Sie sich beraten.

◆ Sägeblätter: Sie sollten gute Sägeblätter verwenden. Ansonsten ärgern Sie sich über ständiges Stumpfwerden oder Reißen der Blätter. Außerdem kann die Rückseite des Holzes ausreißen, sodass Sie sehr viel schleifen müssen. Für die Innenausschnitte benötigen Sie Sägeblätter, die nur zum Festspannen gedacht sind, sonst bekommen Sie sie eventuell nicht durch das vorgebohrte Loch hindurch.

◆ Bleistift und Radiergummi
◆ Kopier- oder Schreibpapier
◆ Schere
◆ Schleifpapier in Kornstärke 120 und 180
◆ Feilen: verschiedene kleine runde und eckige gibt es oft komplett im Sechserpack.
◆ Lackstift: ein dünner schwarzer reicht. Achten Sie darauf, dass er für Holz geeignet ist (erhältlich im Hobbyfachhandel).
◆ Lack in Schwarz und Weiß, eventuell auch in Braun und Grün
◆ Haarpinsel zum Bemalen

◆ Leinöl und Terpentinersatz im Verhältnis 1 : 1 mischen
◆ Bootslack, wenn die Figuren auch draußen aufgestellt werden sollen
◆ 20er Borstenpinsel
◆ Leim
◆ kleine Schraubzwingen
◆ Bohrmaschine
◆ Holzschrauben: Spax 3 x 25
◆ Häkchen zum Aufhängen, auch Holzschraubösen genannt
◆ Holz: In Baumärkten können Sie sich günstig Kiefern- oder Fichteplatten besorgen. Sie sind 18 mm dick und lassen sich leicht sägen. Achten Sie auf gutes Material, wenig Äste und Harzgallen erleichtern Ihnen die Arbeit. Auch sollten die Platten gerade und nicht verbogen sein.

Mögen Sie gerne andere Holzsorten, z. B. Buche, Esche oder Eiche (die sich allerdings erheblich schwerer sägen lassen), müssen Sie sich schon ein wenig bemühen, um eine Quelle zu finden. Vielleicht haben Sie ja einen netten Schreiner in der Nähe, bei dem hin und wieder Reststücke dieses Materials abfallen. Sie sollten aber etwas dünner sein, ca. 14 bis 16 mm sind eine gute Stärke. Das Dromedar auf Seite 14 ist übrigens aus Buche. Ein Tipp: Die Reste vom Abschälen in Furnierwerken haben ebenfalls die richtige Stärke. Fragen Sie in großen Schreinereien nach, die viel Furnier benutzen.

Grundanleitung

Übertragen der Motive

Nachdem Sie das Motiv ausgesucht haben, legen Sie ein Blatt Papier auf den Vorlagebogen und pausen es ab. Nun können Sie es direkt ausschneiden und als Schablone benutzen oder erst noch auf Pappe kleben, sodass Ihre Schablone fester und haltbarer wird.

Suchen Sie sich ein gutes Stück Holz aus, achten Sie auch auf die Rückseite. Legen Sie die Schablone auf, die mit einem weichen Bleistift umfahren wird. Das Motiv sollte so aufgezeichnet werden, dass dünne Teile, die leicht abbrechen können, längs mit der Maserung laufen.

Der Baum sollte z.B. immer längs mit der Maserung laufen. Er sieht auch quergestreift sehr schön aus, aber der Stamm bricht einfach zu schnell ab. Ich habe Ihnen daher bei den meisten Teilen den günstigsten Maserverlauf eingezeichnet.

Sägen

Wenn das Motiv nun auf das Holz übertragen ist, können Sie es bei großen Holzstücken mit der Stichsäge erst einmal grob aussägen, oder Sie beginnen gleich mit der Laub- oder Decupiersäge. Schieben Sie bei der Decupiersäge nicht zu schnell, damit sich das Sägeblatt nicht verdreht. Sägen Sie erst die Außenkanten. Für die Innenausschnitte bohren Sie ein Loch, spannen das Sägeblatt aus, fädeln es durch das Loch und spannen es wieder ein. Nun kann das Innenteil ausgesägt werden.

Schleifen

Nachdem das Werkstück ausgesägt ist, muss es noch geschliffen werden. Über die flachen Seiten sollten Sie nur im Maserverlauf schleifen, sonst bekommen diese Flächen unschöne Kratzer ins Holz. Schleifen Sie auf alle Fälle die Kanten. Wenn Sie mögen, können Sie diese auch ganz rund schleifen. Manchmal wirkt die

Figur dadurch noch gelungener. Profis benutzen zu diesem Zweck eine Oberfräse. Für die Innenflächen eignen sich kleine Feilen hervorragend.

Bemalung

Wenn diese Arbeiten erledigt sind, können die Figuren mit den Zeichnungen versehen werden. Danach werden die Figuren auf die Bodenplatten geleimt, damit sie ihre Standfestigkeit erhalten. Geben Sie etwas Leim auf die Klebeflächen und spannen beide Teile mit einer Schraubzwinge zusammen. Wenn die Standflächen groß genug sind, können Sie sie auch festschrauben. Bohren Sie hierzu ein Loch in die Bodenplatte, fügen Sie die Schraube ein und schrauben sie dann fest. Sehr hilfreich ist es bei

diesen Arbeiten, wenn Sie die Figur in einen Schraubstock festklemmen können und die Bodenplatte von oben aufschrauben. Bei den Hängefiguren wird ein kleines Häkchen eingeschraubt. Finden Sie hierfür die richtige Stelle, indem Sie Ihr Werkstück zwischen zwei Fingern halten bis es gerade hängt. Nun ist Ihre Figur so gut wie fertig. Sie braucht nur noch geölt oder mit Bootslack behandelt zu werden, je nachdem ob Sie sie drinnen oder draußen hinstellen oder -hängen wollen. Wenn Sie Leinöl verwenden, sollten Sie einen sauberen Lappen zum Festhalten des Werkstückes benutzen und hinterher das überflüssige Öl damit abwischen.

Stehfiguren

1. Katze

Material

- Kiefern- oder Fichtenholz, 18 mm stark
- Lackstift in Schwarz und Grün
- Leim
- Leinölmischung
- Holzschraube

Anleitung

Unser beliebtestes Haustier darf auch in diesem Buch nicht fehlen. Die Katze ist unabhängig, eigenwillig und doch sanft.

Diese Katze ist nicht schwer auszusägen und zu schleifen. Bei der Zeichnung malen Sie die Nase ganz schwarz aus. Das Innenauge malen Sie erst grün und zeichnen nach dem Trocknen die schwarze Pupille auf. Anschließend können Sie die Katze aufleimen, festschrauben und ölen.

Besonders pfiffig sieht es aus, wenn Sie vor die Katze eine kleine Maus setzen. Auf dem Vorlagebogen finden Sie ein Muster dafür. Die Maus können Sie ganz grau anmalen.

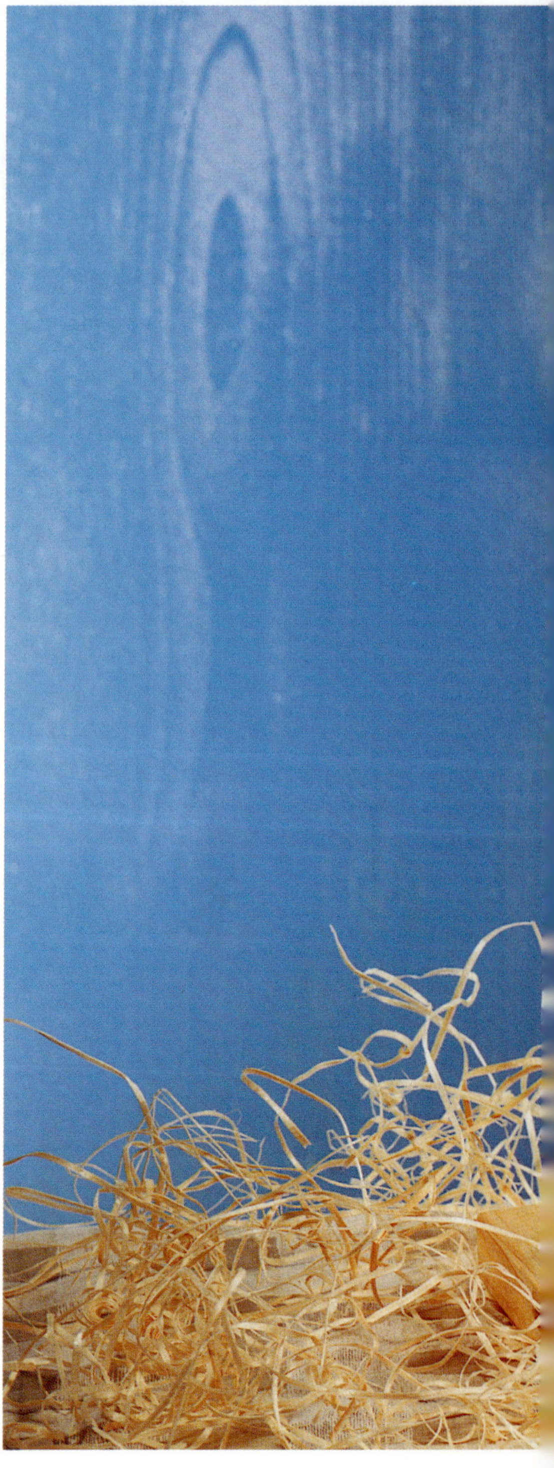

2. Schildkröte

Material

- ✦ Kiefern- oder Fichtenholz, 18 mm stark
- ✦ Lackstift in Schwarz
- ✦ Leim
- ✦ Leinölmischung

Anleitung

Die Schildkröte ist ein kleines freundliches Wesen, das gerne in Ruhe seine eigenen Wege geht. Dabei bekommt es aber alles um sich herum mit. Vielleicht sagt man der Schildkröte daher soviel Weisheit nach.

Unser Exemplar hat nur Mund und Auge bekommen, die Sie nach dem Aussägen und Schleifen mit einem dünnen Lackstift aufzeichnen. Wer lieber eine farbigere Schildkröte gestalten möchte, kann, eventuell sogar in einer anderen Farbe, den Panzer nachzeichnen.

Anschließend leimen Sie die Figur auf die Bodenplatte und ölen oder lackieren sie. Zwei große Vorteile hat so eine Holzschildkröte: Sie steht nicht unter Naturschutz, Sie können also so viele züchten wie Sie mögen. Und sie läuft nicht weg. Wer schon einmal eine entlaufene Schildkröte suchen musste, weiß dies zu schätzen.

3. Dromedar

Material

- ✦ Buchenholz, 16 mm stark (oder eine andere Holzart)
- ✦ Lackstift in Schwarz
- ✦ Leim
- ✦ Holzschraube
- ✦ Leinölmischung

Anleitung

Das Dromedar läutet den Reigen unserer afrikanischen Tiere ein, indem es sich schon einmal nach seinen Mitstreitern auf der Fensterbank umschaut.

Dieses Dromedar ist aus Buche gearbeitet. Sie sehen, Buche hat einen ganz anderen Farbton als Kiefer oder Fichte. Sie lässt sich auch leichter bemalen. Die Farben verlaufen nicht so schnell, da das Holz nicht so grobporig ist. Auch das Dromedar wird, nachdem es ausgesägt und geschliffen ist, nur mit wenigen Strichen bemalt, um seinen typischen Gesichtsausdruck „Mir doch egal!" zu erhalten. Schrauben Sie es nun auf der Bodenplatte fest und ölen oder lackieren es, so wird das Dromedar ganz zufrieden sein.